NUR

NUR

y el viaje a Irlanda

1ª edición: Mayo de 2017

Diseño de cubierta e interior:
Iturri

Maquetación:
Erein

Ilustraciones de cubierta e interior:
Iván Landa

ISBN: 978-84-9109-198-1

D. L.: S.S. - 536/2017

EREIN Argitaletxea. Tolosa Etorbidea 107
20018 Donostia
T 943 218 300 F 943 218 311
e-mail: erein@erein.eus
www.erein.eus

Imprime: Gertu
Zubillaga industrialdea, 9
20560 Oñati, Gipuzkoa
T 943 783 309 F 943 783 133
e-mail: gertugrafika@gmail.com
www.gertu.net

NUR

y el viaje a Irlanda

Toti Martínez de Lezea

Ilustraciones: Iván Landa

erein

Mi nombre es Nur. No Noor, ni Nour. Sólo Nur.

Mi pueblo tiene un nombre un poco difícil de pronunciar. Se llama Larrabetzu.

Pero hay otros pueblos que tienen unos nombres todavía más difíciles.

Aitite me ha regalado un libro donde aparecen las cosas y los nombres más raros de todo el mundo.

En un pueblo de Navarra hay un lugar que se llama,

Azpilicuetagaraycosaroyarenberecolarrea.

He tenido que copiarlo porque no puedo decirlo de carrerilla. Supongo que todos lo llamarán Azpilicueta, o Azpi, o algo parecido.

Hay muchos otros nombres muy largos y complicados en ese libro, sobre todo en un país que se llama Finlandia, que está cerca del Polo Norte, o sea cerca de donde vive mi amigo Gunnar, el chico sami que conocimos cuando fuimos allí.

Voy a hacer una lista y me los voy a aprender de memoria.

Cuando sea mayor, además de monitora de surf y guía de viajeros, quiero saber muchos idiomas.

Ya hablo chino que no es nada fácil, sobre todo escribirlo.

También me gustaría hablar el idioma de mi amigo Finn, ahora que sé cómo ir a Irlanda cada vez que quiera...

1. La tienda de la señora Yan-Yan

Mami le ha dicho a Nur que no puede salir si antes no ordena el cuarto.

¡Qué manía con eso de ordenar! A fin de cuentas, el cuarto es suyo y solo entra ella... pero no le queda más remedio si quiere ir a dar una vuelta.

Y en eso suena su móvil, tiene un mensaje de su amigo Liang, un compañero de clase que vive en el edificio de al lado.

>¿Sales?

>¡Enseguida!

>Estoy con Ayana y Dmitri.

>¡Ok!

Visto y no visto, recoge la ropa que había dejado tirada un poco por todas partes,

guarda las playeras en el armario,

pone en orden su mesa de trabajo,

vacía la papelera y, de paso, tira unos papeles viejos.

—¡Ya he acabado! –grita–. ¡Me voy!

—¿Adónde? –pregunta mami.

—Con mis amigos.

—Abrígate, que hace frío.

—Vale –dice Nur cogiendo su anorak, que está colgado en el perchero de la entrada.

—¿Y la tarea del cole? –pregunta mami de nuevo.

—¡Luego!

No espera la respuesta y sale corriendo, no vaya a ser que a su madre se le ocurra empeñarse en que haga la tarea antes de salir.

Liang, Ayana y Dmitri la están esperando sentados en un banco del parque que hay frente a su casa.

En Suzhou, Nur y sus amigos viven en una urbanización de casas con muchos pisos alrededor de un parque.

No se parece en nada a Larrabetzu.

Claro que Larrabetzu es un pueblo pequeño, y Suzhou es una ciudad muy grande, tan grande que tiene un lago que es como un mar. Aunque es más pequeña que Beijing, que esa sí que es enorme.

En China todo es grande.

—¿Qué hacemos? –pregunta Liang.

—¿Vamos a la parte vieja? –pregunta Dmitri.

—¿A qué?

Nur ha estado muchas veces en la parte vieja, que tampoco se parece en nada a la parte nueva.

Es como... como un pueblo de cuento, con casitas con farolillos, puentes, tiendas pequeñas, y jardines también pequeños y muy cuidados. Y ríos pequeños, y canales de agua donde hay barcas en lugar de coches.

Es muy bonita, pero no hay cines, ni grandes superficies comerciales, ni hamburgueserías, como en la zona en la que ellos viven.

—Ayer fui con mis padres –dice Ayana–, y estuvimos en un sitio muy raro. Nunca había estado allí.

—¿Y qué tiene de raro? –pregunta Nur.

—No sé... Es una tienda, pero no una tienda normal. Hay cantidad de cosas, y se puede mirar y tocar todo. Yo creo que es una tienda mágica.

—¿MÁGICA?

A Nur le encanta todo lo que sea mágico. Baba dice que eso son tonterías, que la magia no existe, pero ella cree que sí existe. Le han ocurrido cosas muy mágicas, aunque sus padres digan que solo es porque tiene mucha imaginación.

Claro que ellos no han conocido a Finn...

ni a Gunnar, su amigo sami, que vive en el Polo Norte...

no han nadado con una tortuga gigante...

no han estado en el bosque de Robin Hood...

no han visto a una lamia con cola de pescado en el fondo de la bañera...

y tampoco tienen un libro que te lleva adonde quieras...

Por cierto, ¿dónde estará el libro mágico? Hace mucho que no lo ha abierto. Desde que volvió de vacaciones.

—¡Pues vamos a ver ese sitio! –exclama.

Un rato después están los cinco delante de la tienda.

En el camino se han encontrado con Hao Lin, un

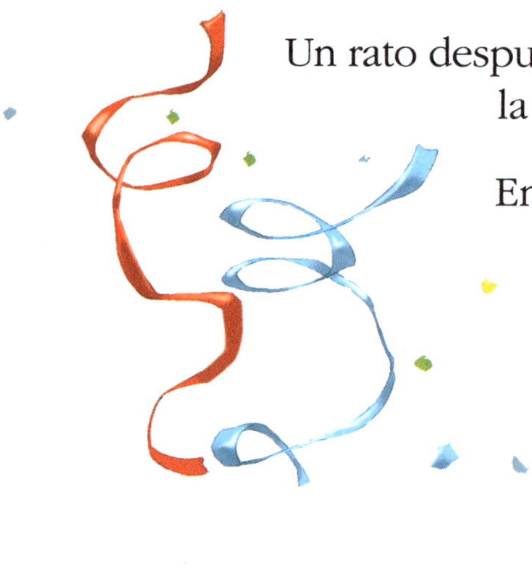

primo de Liang, que también va al mismo colegio y se une al grupo porque él también quiere ver ese lugar del que ha oído hablar en su casa.

—Mi abuela dice que esa tienda ya estaba allí cuando su abuela era pequeña –les dice.

—¿La abuela de tu abuela? –pregunta Dmitri.

—Y de la mía, que para eso somos primos –contesta Liang.

—¿Y cómo se le llama a la abuela de una abuela? –pregunta Ayana.

No ha conocido a la suya porque sus padres dejaron su pueblo en Tanzania, un país de África, y se fueron a vivir a China antes de que ella naciera.

—Yo tengo una bisa-amama que se llama Juli y pinta cuadros –dice Nur muy orgullosa.

—A la abuela de una abuela se le llama tatarabuela.

Les dice una señora muy, muy, muy mayor que ha aparecido de pronto en la puerta de la tienda.

La mujer sonríe; parece muy amable.

—Soy la señora Yan-Yan ¿Os gustaría ver lo que hay dentro? –les pregunta, y todos afirman moviendo la cabeza arriba y abajo.

Ayana tenía razón, no es una tienda normal, allí hay mil millones de cosas.

Cajas y cajitas,

figuras de jade y de porcelana,

dragones de todos los tamaños,

州特产 碧螺春
春
福

muebles antiguos,

lámparas,

faroles,

bolas de cristal pintadas por dentro,

máscaras...

Y un montón de cosas más, que no tienen ni idea de lo que son.

Parece un bazar, un mercadillo de artesanía como otros muchos que hay en China, pero... no es lo mismo, no. Aquí los objetos parecen muyyyy antiguos.

Apenas hay sitio para moverse, y procuran andar con cuidado para no romper nada, no vaya a ser que luego tengan que pagar lo que rompan y no llevan dinero.

¡Menudo follón si tienen que llamar a sus padres para que vengan a buscarlos y para pagar lo que se haya roto!

—¿Queréis una taza de té? –pregunta la señora Yan-Yan.

Todo el mundo bebe té en China. Bueno, los mayores. A ellos no les gusta el agua caliente con hierbas.

—¿Y un refresco?

Eso sí que les apetece.

La mujer los conduce a una habitación que hay en la parte trasera de la tienda, y que también está llena de cosas; los invita a sentarse a una mesa y les sirve unos vasos con zumo de naranja.

—¿Y qué es lo que más os gusta hacer? –les pregunta.

—Yo quiero ser arquitecto y construir el edificio más alto del mundo –contesta Dmitri el primero.

—A mí me gusta andar con mi ordenador –dice Liang.

—¡Y a mí! –dice Hao Lin–. Aunque estoy aprendiendo a tocar la guitarra y pienso ser músico de rock.

—Pues yo... Yo prefiero leer, siempre llevo un libro en mi bolsa –apunta Ayana, y saca un libro para que todos vean que es cierto.

—¿Y a ti? ¿Qué es lo que más te gusta? –le pregunta la señora Yan-Yan a Nur.

Tarda en contestar porque se lo está pensando. Aparte de nadar y hacer surf, también le gusta el ordenador, y leer, y ver pelis... En realidad le gustan muchas cosas, muchísimas, y es difícil elegir.

—Imaginar cosas –dice al fin.

—¿Cuáles? –pregunta de nuevo la señora Yan-Yan con un brillo especial en los ojos.

Tiene unos ojos que miran de manera muy, muy particular, como si hablaran...

—Pues... no sé... Mis padres dicen que siempre estoy imaginado cosas, que soy una soñadora.

—Pero si te pasas el día soñando, no estudias y, si no estudias, no sabrás nada –asegura muy serio Dmitri, que es un empollón.

—Mi padre dice que no es bueno soñar, que no vale para nada –apunta Hao Lin.

—¿Y tú qué crees? –vuelve a preguntar la señora Yan-Yan a Nur.

—Que no sé si valdrá para algo, pero yo me lo paso chachi imaginando historias y aventuras. Puedo viajar a cualquier parte del mundo, conocer gente diferente, descubrir países que no conozco...

—Pero son de mentira –dice Liang.

—No lo son.

—¿Cómo vas a saber cómo es un país si nunca has estado allí?

—Porque hay libros con fotografías, majito, y además yo tengo uno que...

—¿Que qué?

—Nada.

No piensa contarles lo de su libro de los secretos ni por casualidad y, en cuanto vuelva a casa, piensa irse a Irlanda.

Ayana comenta que quizás sea hora de marcharse. A sus padres no les gusta que esté demasiado tiempo en la calle porque ahora anochece más pronto.

—Me habéis hecho pasar una tarde muy agradable –dice la señora Yan-Yan– y me gustaría regalaros algo como recuerdo.

Y coloca encima de la mesa cinco figuritas para que elijan.

Liang elige la de un antiguo guerrero, con su armadura y todo.

Dmitri, la de un pescador sentado en una piedra con su caña.

Ayana, la de una bailarina china que parece que se mueve de verdad.

Hao Lin elige la que quería Nur, un dragón.

Y a ella solo le queda la de un pequeño conejo de jade. Es bonito, pero le habría gustado más quedarse con el dragón. Conoce de memoria las historias de los nueve dragones chinos, y también otras; las que le ha contado amama.

En el País Vasco, donde está Larrabetzu, hay muchas historias de dragones de una, de tres y de siete cabezas.

Amama dice que el cielo se vuelve rojo al atardecer porque los dragones echan fuego por sus bocas, aunque ella sabe que eso no es verdad; el color rojo es el de los rayos del sol al ocultarse.

Pero... ¡le encanta imaginarse a unos cuantos dragones volando cuando anochece!

—¿Te gusta el conejito de jade blanco? –le pregunta la señora Yan-Yan como si adivinara lo que está pensando.

—¿Eh? Ah... sí, muchas gracias, es muy bonito...

Bueno, tengo que irme... Adiós.

Sus amigos han salido ya de la tienda y la están esperando en la calle.

—Se llama FU –oye decir a la mujer cuando ya está en la puerta.

—¿Quién? –pregunta girándose.

—El conejito. Y es muy especial –añade la señora Yan-Yan.

—¿Ah, sí?

—Sí. Es un conejo de la suerte. Sobre todo para alguien como tú a quien le gusta tanto imaginar cosas. ¡Llévalo siempre contigo y llámalo si necesitas ayuda!

Corren a casa a toda velocidad, antes de que sea de noche y sus padres se enfaden, pero quedan para el día siguiente, en el mismo lugar y a la misma hora.

—¡Voy a hacer la tarea! –grita Nur al entrar en el piso.

—Ya estaba pensando en ir a buscarte –le dice mami.

—¡Si solo hemos estado un rato!

—Dos horas.

¿Tanto tiempo? Pues han pasado casi sin enterarme.

Después de hacer la tarea y cenar, los padres de Nur le preguntan si quiere ver un rato la tele.

—Prefiero irme a la cama.

—¿A dormir o a mandar mensajitos a tus amigos? –pregunta baba levantando una ceja, igual que hace ella–. Ya sabes que el móvil no es un juguete...

—A leer un rato.

—Eso me parece mejor.

—A mí también –dice mami–, pero solo un rato, que tienes que dormir. ¡Y lávate los dientes!

—Vale, vale...

Ya se lavará luego los dientes, ahora tiene algo más importante que hacer.

¿Dónde estará su libro mágico?

Estuvo tan ocupada en Larrabetzu los últimos días de vacaciones que no volvió a cogerlo.

Y menos mal que se acordó de meterlo en la maleta...

Pero tampoco lo ha abierto desde que volvió.

¿Dónde lo ha metido?

Mira en el armario,

en los cajones,

encima del armario,

en las estanterías,

debajo del armario,

debajo de la cama,

debajo de los jerséis amontonados en el armario.

¡No hay manera! ¡Vaya faena!

Como es un libro mágico, a lo peor ha desaparecido por sí solo...

—Piensa, Nur, piensa. En algún sitio tiene que estar.

Se sienta en el suelo, con las piernas cruzadas y las manos tapándose los ojos, y se concentra. Aitite le dijo que haga eso cuando quiera recordar algo de lo que no se acuerda.

—¡Pues claro! ¡Qué tonta soy!

Le entra la risa, mete la mano debajo del colchón y saca el libro. Lo escondió allí porque sabe que a mami nunca se le ocurriría mirar en semejante sitio.

Tiene que pensar adónde quiere ir y después leer las primeras palabras que aparecen en la primera página.

Pero ¿y si sus padres entran de repente para desearle las buenas noches y no la encuentran allí? ¡Se llevarían un susto tremendo!

Aunque, a lo mejor, resulta que, como el libro es mágico, en realidad "viaja", pero no se mueve de la habitación... Vio algo parecido en una peli. Un chico estaba dormido y soñaba que volaba, pero solo en sueños...

¡Uf! ¡Qué complicado!

Decide organizarse bien. Se pone un chándal que suele usar de pijama, se lava los dientes y va al salón.

—Buenas noches –dice–, me voy a dormir.

—Muy bien cariño –sonríe mami.

—¿No hay un beso de despedida? –pregunta baba.

Baba es un besucón.

Les da un par de besos a cada uno, se va corriendo a su cuarto y cierra la puerta con el pasador.

Luego se pone el anorak encima del chándal, por si acaso hace frío en Irlanda,

también se pone calcetines gordos y playeras,

se mete en la cama con el libro mágico,

enciende su linterna,

coge aire,

piensa en su amigo Finn y en Irlanda,

y lee las primeras palabras de la primera página:

—*Ní mar a shíltear a bhítear.*

2. El pueblo de los Fianna

—Menos mal que se le ha ocurrido coger el anorak porque en Irlanda hace un frío que pela!

El cielo está gris, las nubes se mueven a toda velocidad empujadas por el viento, y ¡ella está en el mismo bosque en el que estuvo la otra vez cuando se encontró con Fionn, el tío de Finn!

¿O no es el mismo?

La verdad es que estuvo allí muy poco tiempo y no se fijó bien. Pero hay algo raro en este bosque: los troncos de los árboles, las ramas, las rocas grandes, las piedras pequeñas, todo está cubierto de musgo VERDE.

—¡Todo es verde! –exclama en voz alta, muy asombrada.

—Pues claro que todo es verde, porque es el color de Éire –oye decir a una voz muy, muy lejana–. Y tú ¿de dónde vienes que no lo sabes?

Busca al dueño de la voz, pero intenta no moverse para no aplastar al gnomo, porque seguro que es un gnomo.

—Soy de Larrabetzu, pero vivo en China.

—¿Y qué haces en Irlanda?

—Estoy de visita.

Allí, encima de una roca que está pegada al tronco de un árbol, hay un hombrecillo con una barba blanca que le recuerda a aitite. Lleva

un traje verde, y un sombrero de copa y unos zapatos con hebillas, también verdes. Por eso no lo había visto, ¡porque estaba camuflado!

—Me llamo Finnegas –dice el gnomo– ¿y tú?

—Nur.

—No suena a irlandés.

—Es que no es irlandés, es árabe.

—¿Eres una chica viajera? ¿O... eres una espía del gigante Banandonner?

¿Cómo que a ver si es una espía de un gigante? ¡Este gnomo está chiflado!

—¡No soy la espía de nadie! –contesta muy enfadada–. He venido a ver a Deamumhnach Fionnbharr, Finn para los amigos, y eso es lo que voy a hacer.

Y echa a andar antes de que el otro diga una palabra más.

—¡Espera!

No le hace caso y sigue adelante a toda prisa. ¡Faltaría más que un gnomo barbudo se meta con ella y la llame espía de un gigante! Un chico de clase le dijo un día que era una copiona porque se le había ocurrido hacer un dibujo muy parecido al que había hecho él, y no le ha vuelto a hablar desde entonces.

—¡Espera!

Finnegas está delante, en el camino.

¿Cómo lo ha hecho?

Es imposible que un pequeñajo corra más que ella, a menos que pueda volar.

—Te pido disculpas –dice el gnomo quitándose el sombrero y haciendo una reverencia–. Es que no estoy acostumbrado a ver gente alta por aquí...

A Nur le hace gracia que la llame “gente alta”. A ella le gustaría ser más alta de lo que es para poder jugar al baloncesto como su amiga Maialen, pero como le dijo amama una vez:

—La altura se mide desde las cejas hasta la raíz del pelo, y se llama inteligencia.

No lo entendió y siguc sin entenderlo.

De todos modos, sí que es verdad que es divertido ser muchísimo más alta que un gnomo más viejo que ella.

—Ese Finn que buscas es el hijo de mi sobrino Fionnmac, y vive en el pueblo. Si quieres te llevo allí –añade Finnegas.

—Vale.

Nur no sabe cómo lo hace, pero por mucho que da unos pasos largos, el gnomo siempre va por delante de ella...

Siguen por el camino del bosque lleno de árboles y piedras grandes, todos cubiertos de musgo verde, hasta que, de pronto, Finnegas da un salto, se sube a una rama pelada y señala un lugar un poco más adelante.

—Ese es mi pueblo, Daoine na bhFiann –dice por fin–, el pueblo de los Fianna, que somos nosotros Será mejor que no te acerques demasiado. Podrías aplastar a todo el mundo.

Nur tarda un rato en descubrir un lugar como de juguete.

¿Dónde ha visto algo parecido? Hace memoria.

¡Ah, sí!

La semana pasada echaban una peli en la tele, "*El señor, o el dueño, del*

anillo, o de los anillos", o algo parecido. Mami le dijo que era una historia que había escrito un señor inglés hace mucho tiempo y que era de fantasía, pero solo aguantó el principio porque era muy larga, y no entendía nada.

Había un pueblo parecido con casitas con puertas muy pequeñas...

—A ver si lo entiendo... Tu pueblo es el de los Fianna y se llama Fiann no–sé–qué, mi amigo es Finn, el tío de mi amigo es Fionn, tú eres Finnegas. ¿Qué pasa? ¿Todos los nombres son parecidos y empiezan por "fi"?

El gnomo no contesta. Ha desaparecido.

—Definitivamente, este gnomo está loco –piensa Nur.

¿Y ahora qué hace ella?

No puede dar un paso más porque no quiere aplastar a nadie, pero tampoco se va a quedar allí como tonta...

—¡Finn! ¡Deamumhnach Fionnbharr! –grita–. ¡Soy Nur! ¡He venido a verte!

Se abren todas las puertas de las casitas, y salen por ellas montones de gnomos que le miran asustados.

A lo mejor no debería haber gritado tan fuerte...

Se imagina a un gigante enorme dando gritos con su vozarrón. Ella también se habría asustado.

—¿Nur? ¿De verdad eres Nur? ¡Has crecido muchísimo!

Allí delante, subido a un árbol, está su amigo Finn. ¡Lo habría reconocido en cualquier lugar del mundo con su pelo rojo y sus orejas puntiagudas!

Él también está más mayor, pero no demasiado. Debe ser que para los gnomos el tiempo va más despacio...

Le gustaría abrazarlo, darle un montón de besos, apachurrarlo, pero... ahora los dos han crecido y, a lo mejor, a él no le gusta que lo apachurren. A ella tampoco le gusta.

—Tú también estás mayor –dice.

Y alarga la mano para que él se suba encima.

Y le cuenta la historia del libro mágico que encontró en un sitio donde estaban haciendo una película de vampiros.

Y que ahora vive en China.

Y que lo echaba en falta y por eso ha venido a verlo.

Y que ha conocido a su tío Fionn y al viejo Finnegas.

Y que no puede quedarse mucho porque a lo mejor sus padres se dan cuentan de que no está en su cama.

—Pero ahora sé dónde vives y puedo venir a verte cada vez que quiera –añade.

Los dos hablan durante mucho rato mientras los demás gnomos les miran muy sorprendidos. Finn le presenta a su familia: padres, abuelos y hermanos. Están igual que en la postal que le envió hace tanto tiempo, pero el bebé que estaba en brazos de su madre también ha crecido.

En Irlanda todavía es de día porque hay ocho horas de diferencia con China, pero en Suhzou ya es muy de noche, ¡y mañana tiene que madrugar para ir al cole!

—Tengo que marcharme...

—Vuelve pronto –le dice su amigo–, quiero enseñarte muchas cosas.

—¿Y si te vienes unos días conmigo?

Seguro que pueden irse juntos si se lo mete en el bolsillo de la chaqueta del chándal y dice las palabras mágicas...

Finn se lo piensa. A él también le gustaría conocer China, pero...

—No puedo irme ahora, los Fianna estamos en peligro.

—¿Por qué?

—Porque hay un gigante que se llama Banandonner que quiere que le demos el oro.

—¿Qué oro?

—El nuestro. Tenemos montones y montones de monedas de oro que guardamos en una olla escondida al otro lado del Arco Iris. Banandonner quiere que le digamos dónde está.

—¿Y de dónde habéis sacado todas esas monedas?

—Arreglando zapatos. Los Fianna somos zapateros –dice Finn muy orgulloso–. ¿No te lo había dicho?

—No.

—Pues lo somos. Hacemos TODOS los zapatos de los gnomos de Irlanda, y nos pagan con monedas de oro.

—¿Y ese Banan... Banan...?

—Banandonner. Es un gigante que vive en Escocia, hacia el Norte. No sabemos cómo, pero se ha enterado de que tenemos un tesoro y ha dicho a todo el mundo que piensa venir para llevárselo. Por eso lo sabemos, y por eso tengo que quedarme, por si acaso...

—¿Y si viene y os aplasta? –pregunta Nur algo asustada.

—Tenemos vigías por todas partes para avisarnos si aparece por algún lado, y también túneles dentro de nuestras casas para escondernos. Dicen que va a venir por el "Camino de los gigantes".

—¿Los gigantes tienen un camino?

—Sí.

—Pues ya me gustaría verlo...

—Si quieres te lo enseño...

—Ahora no, es que se me hace muy tarde. ¿Es muy grande ese gigante?

—Mmmmm... Nunca lo he visto. Pero por lo menos es como tú, o un poco más alto.

A Nur le entra la risa. ¡Ella no es ninguna giganta! Aunque, pensándolo bien... sí que lo es para un gnomo tan pequeño como Finn.

—Ahora me voy –dice–, pero volveré en cuanto pueda y, si ese gigante es como yo de alto, ¡se va a enterar!

Este curso tenía que elegir dos deportes y ha elegido fútbol y

boxeo. Así que si aparece el Banandonner ese, le suelta un gancho con el puño derecho, y luego otro con el izquierdo. Aunque tiene que acordarse de traer sus guantes de boxeo la próxima vez.

—Adiós, querido Finn.

—Adiós, querida Nur. ¿Te lo digo en irlandés?

—Sí.

—*Beannacht.*

—¡Qué bonito! *Beannacht*... ¿Te lo digo en chino?

—Sí.

—*Zài jiàn.*

Y los dos se echan a reír.

—Esta vez va en serio –dice Nur con pena–. Tengo que irme. ¡Hasta pronto! *Ní mar a shíl-tear a bhítear.*

Y de nuevo está en su cama en Suhzou. ¡Y en buena hora!

—¿Se puede saber por qué te has encerrado en tu cuarto?

La voz de mami suena algo enfadada al otro lado de la puerta.

Mira el reloj de su mesilla.

¡Anda! ¡Ya es hora de levantarse!

—Ya voy... Es que no sé... –se disculpa al abrir la puerta.

—¿Y si pasa algo, y no podemos abrir? ¿Y por qué llevas el anorak puesto?

—No sé... Es que tenía frío...

—Venga, que se te va a escapar el autobús. ¡Y haz la cama!

—Sí, sí.

Se lava la cara,

se peina,

se cambia de ropa en un plis-plas,

también de calcetines y de playeras.

No está muy segura de si su aventura nocturna ha sido de verdad, o si solo ha sido un sueño. Seguro que ha sido un sueño... Pero, entonces... ¿por qué están las playeras manchadas de verde, como de musgo?

Después de hacer la cama, vuelve a esconder el libro mágico debajo del colchón y todavía tiene tiempo de beberse el cacao y comerse dos magdalenas antes de salir pitando escaleras abajo.

Sus amigos ya están subiendo al autobús cuando llega Nur, y los cinco se sientan al fondo. Hao Lin sube en la primera parada y se encarga de reservar los asientos del fondo y no dejar que nadie más se siente allí. ¡Para eso son los mayores!

—Lo pasamos muy bien ayer, en la parte vieja, ¿verdad? –pregunta Liang–. Tenemos que volver a la tienda de la señora Yan-Yan.

—El fin de semana que viene –dice Dmitri–. ¡Con tantos deberes y las clases extra-escolares no tengo tiempo para nada!

—A mí, de todas formas, no me dejan salir durante la semana... –añade Ayana.

—¿Y a ti? –pregunta Hao Lin–. ¡Nur!

Nur se ha sentado junto a la ventanilla ¡y se ha quedado dormida!

—¿Eh?

—¿Estabas dormida?

—¿Yo? ¡No! ¡Qué va!

En realidad se le cierran los ojos de sueño. Claro, se ha pasado toda la noche en Irlanda... La próxima vez que vaya allí, tendrá que calcular bien el tiempo y recordar la diferencia de horas.

—¿Alguien sabe por qué ahora es de día en China y todavía de noche en Europa? –pregunta.

—¿A qué viene eso?

—Es porque la Tierra es redonda y da vueltas.

—Y el sol no puede estar en todas partes a la vez.

—O quizás porque, porque...

—¡Y yo qué sé!

—A lo mejor es porque se cambian los relojes...

—¡Vaya tontería!

Todos hablan a la vez y organizan mucho ruido hasta que la monitora del autobús les dice que se callen.

—En Irlanda ahora es de noche –dice Nur por lo bajines.

—¿Y eso dónde está? –pregunta Liang.

—En la otra parte del mundo.

—¿Tú has estado allí alguna vez?

—Pues sí, esta noche.

—¡Habrá sido en sueños! –ríe su amigo.

—Sí, es que sueño mucho.

No piensa decirles que no ha sido un sueño, ¿para qué?

Tendría que contarles también lo del libro mágico.

Aunque puede que algún día se lo cuente.

Pero no hoy.

Hoy está demasiado cansada y ¡bastante tendrá con mantenerse despierta durante las clases!

3. Dos leyendas y media

Ha sido una semana AGOTADOOOOOOOOORA. ¡Menos mal que ya es viernes y Nur tiene dos días para hacer lo que quiera!

Está pensando en dejar lo de las clases extraescolares de boxeo y apuntarse a las de teatro. Lo del boxeo cansa mucho...

Ayana le ha dicho que les faltan actores y actrices en el grupo de teatro, aunque no es una obra musical.

—¿Es una obra musical? –le ha preguntado.

El año pasado participó en una en la que tenía que cantar y bailar y se lo pasó genial.

—No –contesta su amiga–. Se titula "*Jack y las habichuelas mágicas*". Va de un chico que cambia una vaca por unas habas, las planta y crece un árbol enorme de alto, que sube hasta el cielo, por encima de las nubes. Allí hay un castillo donde vive un gigante que tiene una gallina que pone huevos de oro. Jack se la roba y luego baja corriendo por el árbol, pero el gigante lo persigue y, cuando llega al suelo, corta el árbol y así ya no lo puede atrapar.

—¿Y cómo habéis hecho lo del árbol enorme de alto?

Ella conoce el cuento, y si no hay árbol, no hay historia.

—Con una escalera que vamos a forrar con hojas de papel verde. ¿Te apuntas?

—Ya me lo voy a pensar.

Esa historia le recuerda al gigante ese que quiere robar la olla de monedas a los... ¿cómo se llaman los del pueblo de Finn? ¡Ah, sí! ¡Los Fianna! Pero allí no hay un árbol enorme de alto, ni un castillo, ni una gallina que pone huevos de oro. A lo mejor tiene que practicar un poco más de boxeo si va a pelearse con el gigante de cuyo nombre ya se ha olvidado.

Los cinco amigos vuelven a casa en el autobús.

—¿Qué hacéis mañana? –pregunta.

—Yo nada. Estoy castigado sin salir –dice Dmitri.

—¿Por qué?

—Porque le di una patada en la espinilla a mi hermano mayor, que es un pelma y siempre se está metiendo conmigo. Nuestros padres odian que nos peleemos, así que nos han castigado a los dos sin salir todo el fin de semana.

—Hao Lin y yo tenemos que ir a casa de nuestra abuela porque es su cumpleaños –responde Liang.

—Yo me voy con mis padres a Shanghai –dice Ayana–. Puedes venir con nosotros si quieres.

Nur se lo piensa durante un instante, a ella le gusta mucho esa ciudad. Es casi tan grande con Beijing, pero más... más... bueno, que le gusta más. Suele ir allí con sus padres porque solo está a una hora de Suhzou, y hay montones de sitios para visitar, sobre todo un parque acuático increíble.

Claro que ahora no hace mucho calor, y no podrán meterse en la piscina con olas, ni tirarse por el tobogán de agua gigante, que es la pera de divertido.

También hay un parque de atracciones estupendo.

—Les preguntaré a mis padres, aunque no sé... siempre tienen planes para el fin de semana.

Esta vez no tienen ningún plan.

—Baba tiene que acabar un trabajo –le dice mami–, y yo estoy con una traducción que tengo que entregar el lunes.

—¿Y por qué no os quedáis solos, y yo me voy con Ayana y sus padres? Así podréis trabajar con más tranquilidad...

—Porque primero tendríamos que hablar con los padres de tu amiga y, quizás, les ponemos en un compromiso si ya han hecho sus planes. Esas cosas no se improvisan de la noche a la mañana...

Mami sonríe, pero ella conoce bien su tono de voz cuando va a decir que no, así que mejor no insistir.

—Y entonces, ¿yo qué hago?

—Puedes bajar a la piscina de la urbanización, que hace mucho que no nadas en serio...

¿A la piscina sola? ¡Ni hablar!

Cuando era más pequeña iba a entrenarse todos los días en Beijing, pero a ella eso de competir no le va, y lo dejó porque el entrenador se enfadaba cuando se cansaba de hacer largos, largos y más largos.

Es que era muy aburrido...

A ella le gusta ir a la piscina con sus amigos y amigas, saltar, echarse agua, bucear, sobre todo bucear. Pero no es lo mismo si va sola; al cabo de media hora se aburre.

—Mañana podemos ir un momento a la parte vieja –añade mami al ver su cara de desilusión–. Tengo que comprar tela de seda para pintar. Tú también podrías probar a pintar en tela...

A mami se le da muy bien lo de pintar en tela, pero ella es un desastre. La última vez que lo intentó, acabó con los dedos manchados de tinta, y la tela hecha un manchón. No piensa intentarlo de nuevo.

A todo el mundo no se le da bien hacer de todo.

Unas personas valen para unas cosas, y otras para otras.

—Vale lo de acompañarte a la parte vieja –dice.

¡Cualquier cosa con tal de no quedarse en casa todo el día!

A media mañana del día siguiente están las dos en la calle más antigua de Suhzou.

—¡Qué de gente! –exclama mami.

Es cierto, hay cantidad de gente. Siempre hay mucha gente en las calles de China, pero es que Suhzou es una ciudad muy, muy antigua, y muy bonita. Todos los fines de semana llegan montones y montones de turistas a visitarla y se pasan el tiempo sacando fotos de todo: casas, canales, puentes, farolillos...

Por fin consiguen llegar al comercio de telas, que está... ¡justo al lado de la tienda de la señora Yan Yan! ¡Guay!

—Te espero aquí mientras compras la tela –le dice Nur a mami.

—Pero...

Y sin darle tiempo a decir nada, se mete en el viejo bazar.

Qué curioso...

Todas las demás tiendas de la calle están a tope, pero en esta no hay nadie...

Qué raro...

A lo mejor es por aquello que dijo Ayana de que era un lugar mágico...

—Hola. Te estaba esperando.

La señora Yan-Yan aparece sonriente y con una taza de té en las manos.

¿Cómo sabía ella que iba a venir?

—Tengo mucha intuición –responde la señora.

¿Cómo sabe ella lo que está pensando? ¿Puede leer el pensamiento?

—A veces no hace falta hablar en voz alta. Las miradas también dicen cosas.

¿Qué miradas? Definitivamente, Nur no entiende nada.

—¿Quieres un zumo de naranja?

Mira, eso sí lo entiende.

Pasa al cuartito de atrás, se sienta a la mesa y observa con atención la cantidad de objetos que hay por todas partes.

No es exactamente lo mismo, pero se parece mucho al garaje-taller de aitite, y también al sótano de aitite, y al cuarto de trabajo de aitite.

En ninguno de los tres sitios cabe ya nada de nada de lo llenos que están.

Aunque, claro, aquí no hay libros, papeles, tornillos, cajas de cartón, más papeles, herramientas, bolsas de plástico, lápices y bolis "a tutiplén", como dice amama.

—¿Y tus amigos? –pregunta la señora Yan-Yan poniéndole el vaso de zumo delante y sentándose a su lado.

—Estaban ocupados...

—¿Y FU?

—¿Quién?

—FU... el conejo de la suerte.

¡Ahí va! Se había olvidado por completo de la figurita. ¡Ni se acuerda dónde la ha puesto!

—¿Sigue en el bolsillo de tu anorak? –vuelve a preguntar la señora con una sonrisa.

Nur se lleva la mano al bolsillo. Uffff, ¡menos mal! El conejito de jade sigue allí, y lo saca.

—¿No has tenido que pedirle alguna ayuda?

¿Qué ayuda va a pedirle a una figurita que no es más grande que su dedo meñique?

—Pues... no...

—Ya te dije que es muy especial.

—Ya, pero ¿por qué es especial?

Y entonces la señora Yan-Yan le cuenta la historia de un hombre anciano, pobre y hambriento, que pidió comida a un mono, a una nutria, a un chacal y a un conejo.

El mono juntó frutas de los árboles.

La nutria cazó unos peces en el río.

El chacal robó un lagarto y unas cuajadas de leche.

El conejo solo podía juntar unas pocas hierbas y sabía que eso no era alimento para un ser humano, así que decidió ofrecerse él mismo y se tiró al fuego que había encendido el anciano.

—¿Y se quemó? –pregunta Nur asustada.

—No, no se quemó.

El hombre se transformó en el Emperador de Jade, el

gobernante del Cielo y de la Tierra según las antiguas creencias chinas. Como premio por su generosidad, el Emperador lo envió a la Luna y se convirtió en el "Conejo de Jade inmortal".

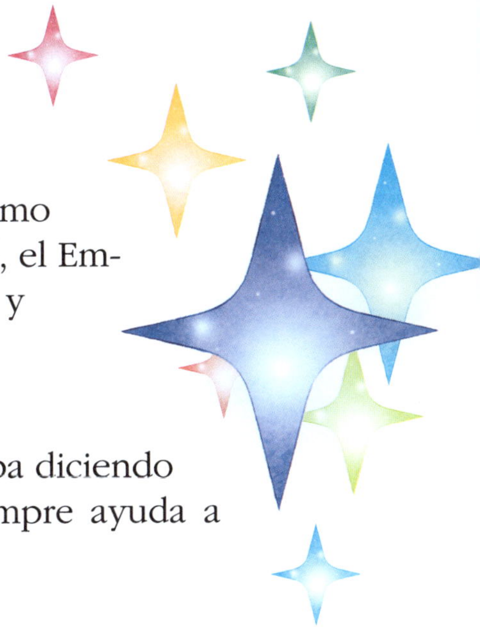

—Por eso es especial –acaba diciendo la señora Yan-Yan–, y siempre ayuda a quien lo necesita.

—Aaaaah....

Nur está muy impresionada, aunque va a tener que mirar en algún libro para saber algo más sobre ese Emperador de Jade porque es la primera vez que oye hablar de él.

Y, de paso, sobre cómo son una nutria y un chacal; el mono ya sabe cómo es.

De todos modos, le ha gustado la historia. Liang y los otros dicen que las leyendas son para los más pequeños, pero ella no está de acuerdo. Amama sabe muchas, y a ella le gusta que se las cuente.

—Mi amama también sabe leyendas de dragones, lamias, gigantes, enanos, caballos voladores... Aunque no creo que sepa esta del conejo FU, porque ya me la habría contado... –dice antes de beberse el zumo de un trago.

—¡Nur! –oye que la llaman.

—¡Vaya! ¡Qué pronto ha acabado de comprar las telas! Es mi madre.

La señora Yan-Yan la acompaña hasta la puerta de la tienda y se despide con una sonrisa.

—¡No pierdas el conejito de jade! –le grita cuando se alejan.

—¡No! ¡No lo perderé! –responde ella.

—¿De qué conoces a esa señora? –pregunta mami.

—Pues... Los padres de Ayana suelen venir a esta tienda, y ella nos trajo la semana pasada para que la conociéramos...

—Parece muy amable.

—Sí, es muy amable.

—¿Qué conejo? ¿Qué era eso del conejo?

—Es que el otro día nos regaló una figurita a cada uno, y a mí me tocó esta.

Saca el conejito de jade del bolsillo de su anorak y se lo enseña.

—Es muy bonito.

—Y es especial; da suerte.

Mami sonríe, pero no dice nada.

En eso empieza a llover con ganas. Las dos echan a correr y llegan empapadas a casa.

A veces pasa.

El cielo está completamente azul cuando salen.

Y, claro, no se les ocurre coger un paraguas.

Y en eso cae un chaparrón, y acaban como gatos mojados.

Bueno, mejor, porque así no le dará tanta pereza quedarse en casa.

—¿Puedo andar un rato en Internet? –pregunta a sus padres cuando ya se ha cambiado de ropa y se ha secado el pelo.

Solo le dejan los fines de semana, y no siempre; prefieren que lea libros. A ella le gusta mucho leer, pero... ¡también andar en Internet!

—¿Vas a perder el tiempo con jueguecitos? –pregunta baba.

—No. Voy a ver si encuentro algo sobre el Emperador de Jade.

—¿Quién?

—Un personaje de una leyenda china.

—¿Tienes que hacer un trabajo para clase?

—No, pero la señora Yan-Yan me ha contado una historia sobre él.

—¿Quién es la señora Yan-Yan?

¡Y, hala, vuelta a empezar con las explicaciones!

Lo de la tienda llena de cosas antiguas...

lo de que Ayana los llevó allí la semana pasada...

lo del conejito de la suerte...

—Ah, pues qué interesante –dice baba–. A mí también me apetece conocer ese sitio.

Ya sabía que él iba a decir eso. ¡Le gustan los mercadillos chinos más que a ella un paquete de gominolas! Sus padres la han llevado a ver TODOS los mercadillos chinos, TODOS, TODOS. ¡Y no se cansan!

Nur busca la historia del Emperador de Jade y el conejo, pero no encuentra nada más de lo que ya le ha contado la señora Yan-Yan.

Luego busca “chacal”, que resulta que es como un perro.

También busca “nutria” y le gusta más porque las nutrias son unos animales muy bonitos, y nadadores. Pueden bucear hasta seis minutos sin sacar la cabeza del agua.

¿Y ella? Ella también es una buena buceadora, aunque nunca ha calculado cuanto tiempo puede estar sin respirar. Decide comprobarlo, mira el reloj, coge aire y mantiene la respiración... Uno, dos, tres... cuenta mentalmente

hasta cincuenta. ¡PUF! ¡Ni un minuto! ¡Vaya nutria birriosa que está hecha!

—¿Qué haces? –pregunta baba, que está trabajando a su lado.

—Quería saber si yo también aguanto sin respirar tanto como una nutria bajo el agua.

Baba y mami se miran y sonríen. ¡Qué cosas se le ocurren!

Está a punto de buscar un juego cuando le viene un nombre a la cabeza: "camino de los gigantes". No sabe por qué se le ha ocurrido, pero teclea el nombre.

—¡WUAU! ¡Existe de verdad?

—¿Qué? –pregunta baba de nuevo.

—El camino de los gigantes.

—¿Qué camino?

—Este. Está en Irlanda.

—Qué curioso...

—¿Es natural? –pregunta mami acercándose–. ¿Dónde has oído hablar de esto?

—Psssss... En un libro...

Sus padres empiezan a buscar más imágenes y le quitan el sitio, así que decide irse a su cuarto. Siempre hacen lo mismo cuando ella encuentra algo interesante pero, cuando sea más mayor tendrá su propio ordenador y no dejará que se lo toquen.

De pronto, le entran muchas ganas de volver a Irlanda.

Calcula que si en Suhzou es la una del mediodía, en el pueblo de Finn serán las... las... una menos ocho... ¡las cinco de la madrugada! Demasiado pronto todavía. Tiene que esperar otras cuatro horas por lo menos.

¿Y qué hace mientras tanto?

Decide hacer la tarea de clase.

¡Vaya turre!

Pero cuanto antes la acabe, mejor que mejor. Así se quita una preocupación, porque todos los fines de semana le ocurre igual. Deja la tarea para el último momento y, después, siempre anda deprisa y corriendo.

En ello está cuando recibe un mensaje de Liang.

>k haces?

>mates

>sales?

>llueve

>vienes a mi casa a ver una peli?

>no sé

>estamos todos aquí

>?

>todos.

>?

>hao lin, dmitri, ayana y yo

>espera

Liang vive cuatro pisos por encima de ella.

—¿Puedo subir a casa de Liang a ver una peli?

—¿Has hecho la tarea? –pregunta mami.

—Sí.

—De acuerdo, pero baja en cuanto se acabe la película.

>Ahora subo!

Nur contesta al mensaje y sale pitando de su casa.

4. Una tarde de sábado increíble

Los padres de Liang y de su primo se han quedado en casa de la abuela, que vive cerca.

—¡Uf! Estaban los tíos y las tías, los primos, unos amigos, unos vecinos...–les cuentan a sus amigos–. Había tropecientas personas, todas hablando al mismo tiempo.

—Así que nos hemos escaqueado en cuanto hemos podido –añade Hao Lin.

—¿Y tú no estabas castigado? –le pregunta Nur a Dmitri.

—Sí, pero como mi hermano ha conseguido salir, a mí también me han dejado.

—¿Y tú?

—Al final, hemos ido a Shanghai, pero solo a comer con unos conocidos de mis padres –contesta Ayana– y hemos vuelto enseguida.

—¿Estamos solos?

—No –le informa Liang–. La petarda de mi hermana mayor está en su cuarto, pero, tranki, que no sale de allí.

—¿Por qué?

—Porque se pasa todo el tiempo *chateando* o con el ordenador. Dice que no me aguanta, pues yo a ella tampoco, así que cada uno a su bola. ¿Vemos la peli? La echaron por la tele, pero no pude verla entonces y la grabé.

Es la misma que Nur no acabó de ver. Y es verdad que el pueblo que sale al comienzo es casi, casi igual al de Finn. Algunas casas están como metidas debajo de pequeñas colinas, las puertas son redondas y tienen mini-jardines con sus vallas y todo.

—Ese pueblo lo conozco yo –dice, señalando a la pantalla.

—¿Has visto la peli? –le pregunta Dmitri.

—Bueno... sí... y no. Empecé a verla, aunque la dejé. Pero he estado en ese pueblo –insiste.

—¿En Nueva Zelanda, dónde se grabó "*El señor de los anillos*"? –pregunta Hao Lin–. Allí han hecho un pueblo para los turistas.

—No. Yo he estado en el verdadero. Estos lo han copiado y, además, los que viven allí, en el verdadero, no se parecen en nada a los que salen en la película. Son mucho más pequeños.

Sus amigos se le quedan mirando. ¡Ya está Nur imaginando cosas!

—¿Y cuándo has estado? ¿Durante las vacaciones? –pregunta Ayana–. ¿En un parque de atracciones?

En China hay parques de atracciones de todos los tipos.

—No, la semana pasada, el domingo. Me pasé toda la noche en ese pueblo, que tiene un nombre dificilísimo, y por eso me dormía el lunes en clase.

—¡Anda ya! –ríe Liang.

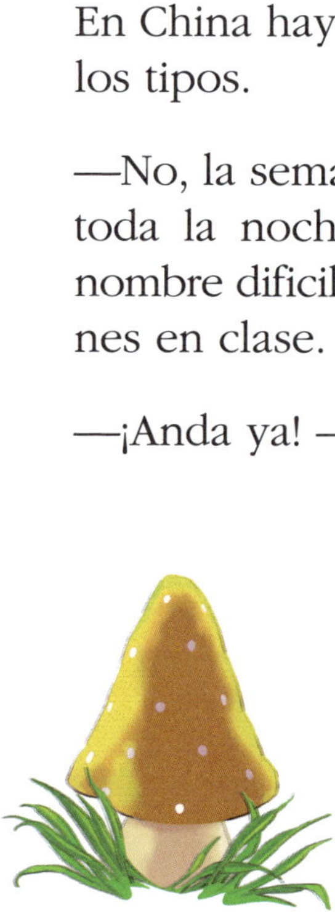

—¿Y dónde está? –pregunta su primo.

—En Irlanda.

—¡Anda ya! ¡Menuda trola! –exclama Dmitri.

—¡No se puede ir de aquí a Irlanda en una noche y volver al día siguiente! –insiste Liang.

—¡Ahora resulta que eres una maga como ese!

Hao Lin se ríe y señala a un mago que se llama Gandalf y que en ese momento aparece en la película.

La única que no dice nada es Ayana. Se ha fijado en que Nur ha levantado la ceja derecha. Eso significa que se está enfadando, y ella no quiere que se enfade, no vaya a ser que luego no entre en el grupo de teatro.

Además, es su amiga y si dice que ha estado en Irlanda será porque es verdad.

—Me voy a mi casa.

Nur se ha levantado del suelo y mira a los demás desde arriba, como si fuera una giganta y los otros, los pequeños Fianna.

—¡No te enfades!

—¡Era una broma!

—¡No te pongas así!

—¡Venga!

—¡Somos amigos!

Los chicos hablan todos a la vez, y a Nur los enfados le duran muy poco.

—Vale, pero ¿he estado en ese pueblo o no? –pregunta.

—¡Síííííí! –contestan todos, también a la vez.

Ninguno quiere que se vaya, y menos enfadada.

—¿Soy una mentirosa?

—¡Noooo!

—Vale, pues ahora os lo voy a demostrar. Liang, quítale el sonido a la tele porque lo que tengo que deciros es mucho más interesante.

A pesar de no pensaba contarles nada, les explica lo ocurrido durante las vacaciones, cuando fue a un plató de cine donde estaban rodando una película de vampiros, y cómo encontró un libro mágico, que tiene guardado en su cuarto. También les cuenta el viaje al pueblo de Finn, su amigo el gnomo irlandés, que es muy parecido al de la película esa de los anillos.

Además, les dice que los Fianna son pequeñísimos,

que van vestidos de verde,

que el bosque donde viven también es verde, incluso los árboles y las ramas,

que son los zapateros que hacen los zapatos de todos los gnomos,

que tienen una olla llena de monedas de oro al otro lado del Arco Iris,

y que hay un gigante que quiere robarles la olla.

—Puedo ir adonde quiera y cuando quiera –les asegura–. Solo tengo que pensar en un lugar y decir las palabras mágicas.

—Abracadabra patas de cabraaaaaa... –ríe Hao Lin, y su primo le da un codazo.

—¿Solo puedes ir tú, o también nosotros? –pregunta Ayana.

—No lo sé. Podemos probar...

—¿Cómo?

—¡Ni idea! A ver, hacemos un círculo y nos cogemos de las manos.

A Hao Lin le vuelve a entrar la risa, pero Liang le da otro codazo.

¿Y qué si todo es una broma?

¿Y qué si no pasa nada?

Están jugando, y en el "País de los Juegos" todo es posible.

—Hay que cerrar los ojos y pensar en el sitio adonde queremos ir –explica Nur.

—¡A la India!

—¡A París!

—¡A África!

—¡A la Luna!

Cada uno quiere ir a un lugar distinto, y Nur levanta de nuevo la ceja derecha.

—¡Ya vale! Vamos a ir a ver a mi amigo Finn –decide, y los demás no dicen nada por si acaso–. Son las… las cinco de la tarde, así que allí son las nueve de la mañana. Liang, ¿puedes echar para atrás la peli y pararla cuando sale el pueblo ese?

Su amigo rebobina la película casi hasta el principio y la para en una escena en la que se ve el pueblo de los *hobbits*, que es como se llaman sus habitantes.

—Bien, ahora tenemos que mirar fijamente esa imagen y pensar que nos gustaría estar en uno parecido, pero en Irlanda. ¿Preparados? ¡Allá vamos! *Ní mar a shíltear a bhítear.*

Y al instante están los cinco de pie, delante de Daoine na bhFiann, el pueblo de los Fianna.

¡Vaya! ¡Funciona! Piensa Nur la mar de contenta.

—¿Cómo lo has hecho? –pregunta Liang.

Sus amigos se han quedado con la boca abierta de la sorpresa. Es todo igual a como ella les ha contado: el bosque verde, las casitas...

—No os mováis –les avisa.

—¿Por qué? –pregunta Dmitri.

A él le encantaría abrir una de esas puertas enanísimas que parecen de juguete, a ver qué hay dentro.

—Porque podemos aplastar a los gnomos. Hay que andar con mucho cuidado... Vamos a sentarnos, pero mirad bien primero, no vaya a ser que haya alguno por aquí.

Miran con atención, y no, no parece que haya ningún gnomo por allí, y se sientan.

—Y ahora ¿qué? –pregunta Hao Lin.

—Schsssss... –Nur se lleva el dedo índice a los labios–. No hables alto.

—¿Por qué?

—Porque para ellos nosotros somos como gigantes y nuestras voces suenan muy fuertes. Voy a llamar a mi amigo... ¡Finn! ¡Finn! llama suavemente.

Y Finn aparece como la otra vez, encima de una rama de un árbol forrado con musgo verde.

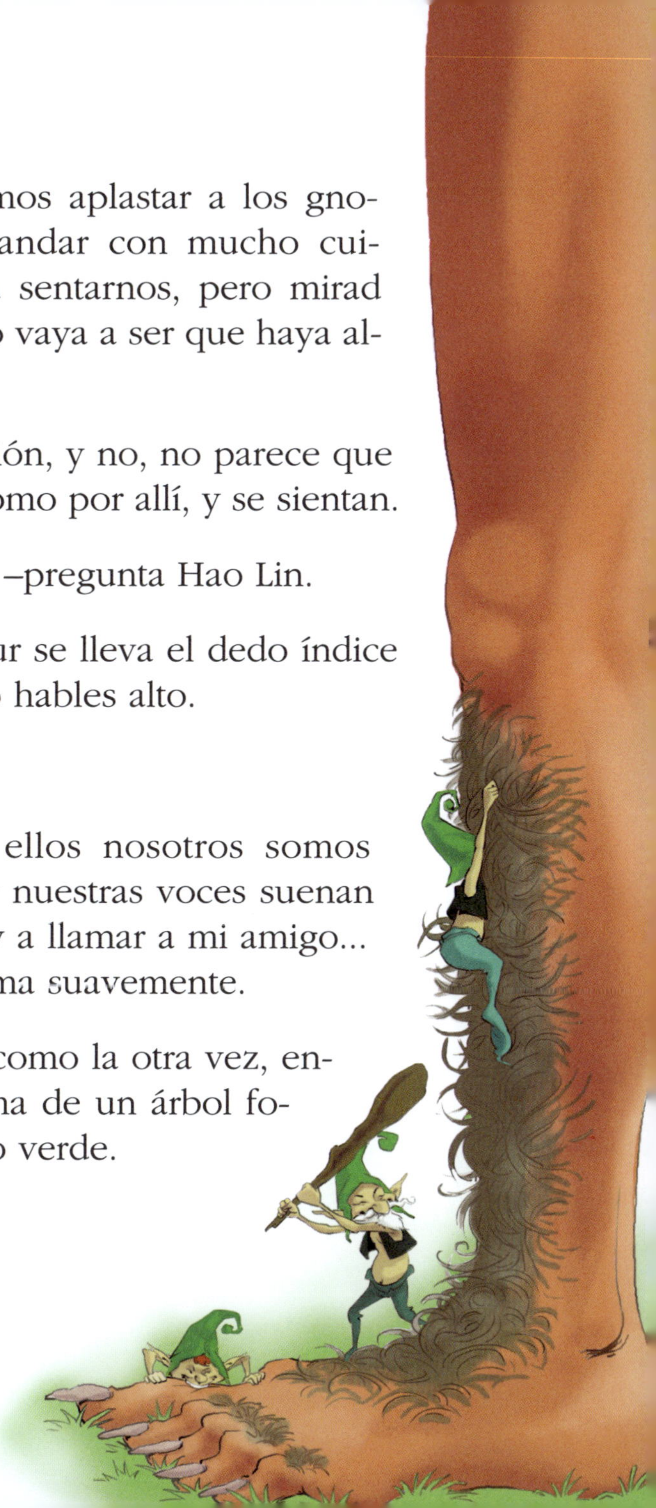

Los otros cuatro vuelven a abrir la boca asombrados. ¡No puede ser! ¡UN GNOMO IRLANDÉS DE VERDAD! Deben de estar soñando... Sí, eso debe ser, están soñando.

—Hola Finn, estos son mis amigos: Liang, Hao Lin, Ayana y Dmitri.

—Hola a todos.

—Hola –responden ellos.

¡JO! ¡Y encima habla!

—¡Pues claro que hablo! –ríe Finn, y da una voltereta encima de la rama sin caerse–. ¿Queréis conocer a mi familia?

—¡Síííí! –responden todos a la vez procurando no gritar demasiado.

Y se lo pasan pipa.

Como en un desfile, aparecen uno detrás de otro:

el padre Fionmac,

la madre Fionnuala,

el abuelo Finnegan,

la abuela Fiona,

la hermana Finula,

el hermano Findana,

el pequeño Finbeag,

el tío Fionn,

el otro tío, Finnegas, el que lleva un sombrero de copa.

—¿Te has fijado que todos los nombres empiezan por "fi"? –susurra Dmitri al oído de Nur.

—Schsssss... que te van a oír...

A los Fianna les gustaría invitarlos a un gran desayuno, porque son muy acogedores con los visitantes. Pero... no hay comida suficiente para cinco enormes gigantes. Ni juntando toda la comida que tienen sería suficiente.

Tampoco les pueden hacer unos zapatos, porque cada par les llevaría por lo menos un año de trabajo.

Ni pueden invitarlos a sus casas, porque son demasiado grandes.

De pronto, Nur se acuerda de cuando conoció a Finn, y de cómo ella y sus amigos se volvieron pequeños para poder jugar con él. Alarga la mano para que él se suba encima, se lo acerca a la cara y le dice algo al oído.

—¿Te gustaría? –le pregunta el gnomo con una sonrisa de oreja a oreja.

—Me encantaría –contesta ella guiñándole un ojo.

—Pues ya sabes lo que hay que hacer.

—No me acuerdo...

—Tenéis que cerrar los ojos.

—¡Ah, sí! ¡Es verdad! Dice Finn que tenemos que cerrar los ojos –les informa a sus amigos.

—¿Para qué? –preguntan ellos.

—Es una sorpresa. ¡Venga! ¡A la de tres! Una, dos y ¡tres!

Los cinco cierran los ojos.

—¡Ya podéis abrirlos!

Los abren y no se lo pueden creer: ¡se han convertido en pequeños enanitos!

—¿Cómo lo has hecho? –pregunta Dmitri.

—Cosas de gnomos... –responde Finn muy satisfecho.

Ahora sí pueden desayunar.

Y probarse los zapatos que usan los gnomos.

Y andar por el pueblo que, por cierto, es mucho más bonito que el de la película.

La abuela Fiona y la madre Fionnuala sacan unas bandejas llenas de bollos rellenos de mantequilla y jarras con zumo de moras para que coman y beban hasta hartarse.

—¡Qué guay! –dice Liang con la boca llena de bollo–. ¡Está buenísimo!

—¡Es la mejor tarde de sábado que he pasado en mi vida! –dice Ayana.

Y los demás están de acuerdo.

Pero no acaban ahí las sorpresas.

—Además de zapateros, también somos músicos –les informa Finn–. ¡Ya vais a ver!

En un plis-plas, todos los miembros de la familia desaparecen y vuelven a aparecer con unos instrumentos: violines, guitarras, flautas y tambores. Él lleva una flauta.

Y empiezan a tocar y a cantar una melodía en un idioma que Nur y sus amigos no entienden, pero que les parece muy divertida, con mucho ritmo, como para bailar.

Al oír la música, aparecen más gnomos, muchos, de todas las edades, grandes y pequeños. Y todos cantan y también bailan en corros o en parejas, moviendo los pies a gran velocidad.

Al acabar, los cinco aplauden encantados.

—¡Qué bonito! –dice Ayana.

—¡Ha sido genial!

Dmitri ha bailado sin parar. Él es ruso, y los rusos bailan muy bien.

Ayana también ha bailado porque le gusta mucho el baile, además del teatro.

A Liang lo de la música no le va mucho, no tiene oído musical, pero se ha divertido un montón y aplaude a rabiar.

—Ahora tenemos que irnos... –les avisa Nur.

—¿Por qué? –pregunta Hao Lin.

Se lo ha pasando bomba viendo cantar y bailar a un pueblo entero de gnomos y quiere más. Él está aprendiendo a tocar la guitarra y, si lo llega a saber, la habría traído para que los Fianna sepan que él es un gran músico. Bueno, todavía no lo es, pero se sabe algunas canciones.

—Porque ya llevamos aquí un buen rato, y ¿qué pasa si tu prima se da cuenta de que nos hemos marchado sin decirle nada? ¿Eh? ¿Y luego se lo cuenta a tus tíos? ¿Y tus tíos se lo cuentan a tus padres y a los padres de los demás?

Nur tiene razón.

—Tenemos que irnos, querido Finn –dice–. ¿Habéis tenido noticias del terrible Banandonner?

—No, pero no hay peligro mientras no llueva –responde su amigo–. Nuestro tesoro, ya lo sabes, está bien guardado al otro lado del Arco Iris. Aunque por aquí llueve muy a menudo...

—Haznos grandes de nuevo para que podamos volver a nuestras casas.

—Vale, pero salid del pueblo, ¡no vaya a ser que aplastéis a todo el mundo!

Es verdad. Si vuelven a su tamaño, destruirán las casas y pisarán a los gnomos. Se van de nuevo al camino, junto al árbol verde.

—Ahora cerrad los ojos –les dice Finn–. Una, dos y... tres.

Cierran los ojos.

—Ahora abrid los ojos.

Abren los ojos y ya están como antes.

—¡Adiós! ¡Adiós! –dicen agitando las manos.

—¡Adiós! ¡Adiós! –responden los habitantes de Daoine na bhFiann– ¡Volved otra vez!

—Vamos de vuelta al piso de Liang –dice Nur a sus amigos después de cogerse de las manos–. Pensad en el salón y en la tele que hemos dejado encendida... *Ní mar a shíltear a bhítear.*

Y allí están de nuevo, como si no hubiera pasado nada, sentados en el suelo delante del televisor.

—No digáis a nadie ni una palabra de esto, ¿vale?

—¡Valeeeeee! –contestan los otros.

—¿Podemos volver a Irlanda mañana? –pregunta Hao Lin.

No le da tiempo a responder.

La hermana de Liang aparece en ese momento y señala hacia la pantalla donde sigue parada la escena del pueblo de los *hobbits*.

—¿Se ha estropeado la tele?

A los cinco les entra la risa, y ella se vuelve a su cuarto enfadada.

—¡Qué críos más bobos! –dice.

Y ellos casi se hacen pis de tanto reír.

5. Un día muy ocupado

Al día siguiente, los padres de Nur deciden ir a ver el bosque de bambúes que está a dos horas de camino en coche desde Suhzou, así que ella no puede estar con sus amigos.

—¿No teníais que acabar unos trabajos? –les pregunta a ver si hay suerte, y puede hacer planes por su cuenta.

No hay suerte. Ya han acabado lo que tenían que hacer, el cielo está azul y quieren dar una vuelta.

A ella no le apetece mucho pasar todo un día viendo bambúes, pero la verdad es que, una vez allí, le gusta mucho. Aitite tiene unos cuantos en su jardín, pero ni comparación con un bosque entero, ¡ENORME!, donde te puedes perder y no encontrar la salida.

Aunque se lleva una desilusión porque no ve ni un solo oso panda.

—Pues, vaya, no se ve ni un panda –dice muy decepcionada.

—Es que solo salen a la mañana muy temprano y luego al anochecer. Se pasan el día durmiendo –le explica mami–. De todos modos, no son osos de peluche, son animales salvajes, y no te puedes acercar a ellos por muy bonitos que parezcan...

¡Y de nuevo dos horas en coche para volver a casa!

Se había olvidado el móvil, así que, al llegar, mira a ver si tiene algún mensaje.

Tiene unos cuantos y se pasa un rato contestando a todos.

>LIANG: dónde estás?

>NUR: en un bosque de bambúes, pero ya he vuelto

>HAO LIN: quedamos?

>NUR: no puedo, acabo de volver de un bosque de bambúes

>AYANA: estás en casa?

>NUR: acabo de volver de un bosque de bambúes

>DMITRI: pq no respondes?

>NUR: pq he estado en un bosque de bambúes, y me he dejado el móvil en casa

>LIANG: lo de ayer guay, podemos
volver hoy?

>NUR: ahora es tarde
de lo de irlanda silencio!

>HAO LIN: cuándo volvemos al pue-
blo de los gnomos?

>NUR: no lo sé
de lo de irlanda silencio!

>AYANA: puedo ir otra vez contigo a
ver a finn?

>NUR: a lo mejor
de lo de irlanda silencio!

>DMITRI: ayer estupendo!
cuándo volvemos?

>NUR: no lo sé
de lo de irlanda silencio!

No tenía que haberles dicho nada.

Ni haberlos llevado con ella.

Ahora se lo dirán a todo el mundo.

Y nadie los creerá.

Y dirán que se han inventado esa historia.

Y que la culpa es de ella por contar tantos cuentos.

Sus amigos no paran de darle la lata durante toda la semana, que a ver cuándo vuelven al pueblo de los Fianna, que a ver por qué no se van durante un recreo... ¡Cómo si fuera tan fácil!

Les promete que ya se lo va a pensar, pero que no puede ser antes del fin de semana. Entre las clases, las tareas y las extra-escolares, no hay tiempo para nada más. Y les recuerda que no deben contar su secreto a nadie.

—¡Por supuesto que no! –contestan todos a la vez.

Nur no sabe si fiarse o no, sobre todo de Hao Lin, que es un charlatán y no hace más que repetir que se llevará la guitarra la próxima vez que vayan al pueblo de los gnomos para que vean que él también sabe tocar un instrumento.

¡Lo que faltaba!

Si decide llevarlos con ella, tendrá que convencerlo para que deje la guitarra en casa. Total, los Fianna tienen montones de instrumentos de todos los tipos, así que ya le prestarán una.

La semana ha pasado a toda velocidad, y ya es viernes. ¿Será cierto eso que siempre dicen amama y Bisajuli, que el tiempo corre muy deprisa, que lo aproveche bien porque antes de que se dé cuenta será tan mayor como ellas?

Ha quedado con sus amigos para mañana por la tarde.

Al final, ha decidido llevarlos de nuevo a Daoine na bhFiann. Por fin se ha aprendido el nombre del pueblo de Finn, aunque no sabe si lo pronuncia bien...

Pues eso, que ha pensado que si hay que luchar contra el gigante Banandonner, mejor si están los cinco juntos.

—Mejor si estamos todos por si acaso ese gigante es más grande que yo... –se dice.

De todos modos, ¿cómo sabrá si llega el ladrón de la olla de oro? Y ¿cómo podrá ir a ayudar a los Fianna si no sabe cuándo llega?

Luego recuerda lo que le dijo su amigo: que no hay peligro mientras no llueva...

—Baba, ¿puedes mirar en Internet el tiempo que hace en Irlanda?

Su padre le mira sorprendido.

—¿Para qué quieres saberlo?

—Pues para saberlo...

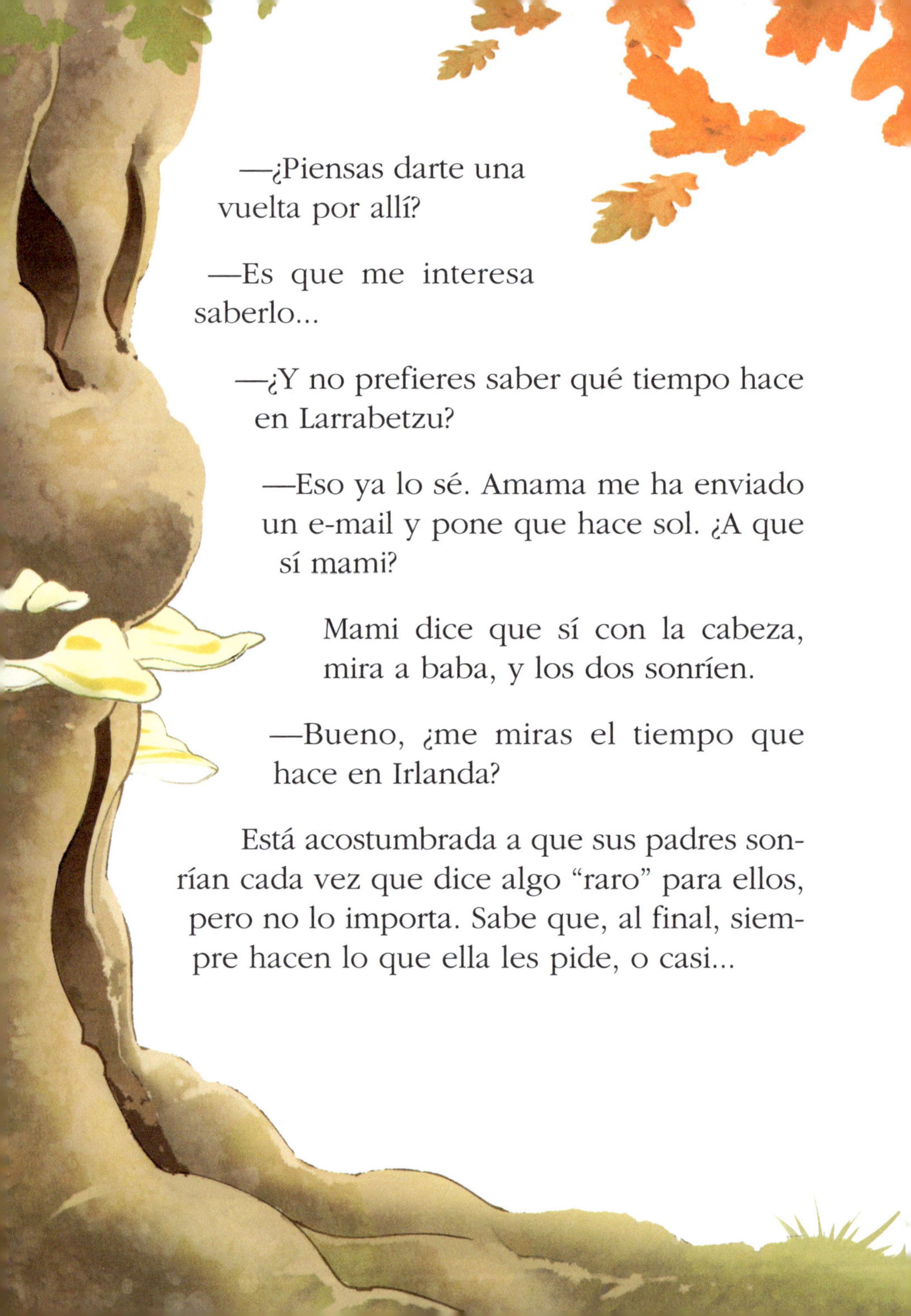

—¿Piensas darte una vuelta por allí?

—Es que me interesa saberlo...

—¿Y no prefieres saber qué tiempo hace en Larrabetzu?

—Eso ya lo sé. Amama me ha enviado un e-mail y pone que hace sol. ¿A que sí mami?

Mami dice que sí con la cabeza, mira a baba, y los dos sonríen.

—Bueno, ¿me miras el tiempo que hace en Irlanda?

Está acostumbrada a que sus padres sonrían cada vez que dice algo “raro” para ellos, pero no lo importa. Sabe que, al final, siempre hacen lo que ella les pide, o casi...

Baba entra en Internet y busca lo que ella quiere saber.

—Llueve, llueve mucho.

—¿Ah, sí?

—Sí, eso es lo que pone aquí. Míralo tú misma.

En efecto, en el mapa del tiempo aparecen nubes de color gris oscuro por toda la isla, porque Irlanda es una isla. No tiene ni idea en dónde exactamente está el pueblo de los Fianna, pero da igual; hay nubes en todas partes, así que también lloverá allí y el gigante irá en busca de la olla de las monedas escondida al otro lado del Arco Iris.

—¿Y pone cuándo dejará de llover?

—Mañana por la tarde mejorará, aunque por la mañana todavía lloverá. Pero el sol empezará a asomar entre las nubes.

¡Tiene que pensar en algo rápidamente!

—Otra cosa: ¿cuándo sale el Arco Iris?

—Vaya preguntita...

—¿No te la sabes?

—¡No me lo sé TODO! –ríe baba–. Pero si te vale de algo, el Arco Iris sale cuando está lloviendo y aparece el sol, porque los rayos del sol atraviesan las gotas de agua.

—Es algo parecido a la bola de cristal que tienes en tu cuarto y que se llena de colores cuando la pones al sol –añade mami.

—Entonces... ¿solo sale cuando llueve?

—Eso es. Cuando llueve y un rayo de sol se cuela entre las nubes.

—¿Cuando llueve mucho o poco?

—Si quieres te lo miro en el ordenador...

—No, ya me vale.

Nur se va a su cuarto muy preocupada. Está convencida de que mañana Banandonner aparecerá en el pueblo de Finn, ¡y ellos tienen que estar allí para ayudarlo!

Tiene que avisar a sus amigos e inventar algo para que sus padres no se enteren... ¿Qué pueden decirles?

¿Que van a ir a la pisci?

¿O al cine?

¿O a dar una vuelta?

Sí, eso, que van a ir a dar una vuelta, lo cual es cierto: una vuelta por Irlanda. Ella nunca

miente, no sabe hacerlo y, además, los mentirosos le dan repelús.

Pueden quedar en su banco favorito, el que está en un lugar del parque bastante escondido porque allí hay muchos árboles y plantas. Lo llaman jardín botánico, pero ellos prefieren llamarlo su "rincón secreto".

No se lo piensa más y empieza a enviar mensajes a sus amigos:

En ello está cuando entra mami en su cuarto.

—Hemos quedado a cenar con unos señores de la fábrica de baba –le dice.

—¿Y tengo que ir yo? Es que me aburro un montón con los mayores, y no me apetece cenar.

A la salida del bosque de bambúes han entrado en un restaurante y se ha puesto morada de *chow mian* de pollo, o sea de fideos fritos con pollo.

—No, no hace falta que vengas. Vamos a cenar en el restaurante de abajo, pero no se te ocurra abrir la puerta a nadie mientras estamos afuera.

—No es la primera vez que me quedo sola en casa... –protesta Nur.

—Lo sé, es solo para recordártelo.

—Vale... ¿Y cuánto tiempo vais a estar?

—Un par de horas o así, puedes ver una película en la tele.

—Sí...

¡Genial!

¡Guay!

¡Supercuchufleta!

¡De primera!

¿Cómo era aquello...? ¡Supercalifragilisticoespialidoso!

Poco después, sus padres se van y ella los acompaña hasta la puerta.

—Cierra con llave por dentro –dice baba.

—Y no abras a nadie –vuelve a recordarle mami.

—Sí, sí... Hasta luego...

Nur todavía espera un rato por si acaso se les ha olvidado algo. No será la primera vez que vuelven porque se han dejado algo. Y luego...

corre a su cuarto,

se pone el anorak,

coge un paraguas,

se sienta sobre la alfombra,

piensa en el pueblo de Finn,

y dice las palabras mágicas.

El mapa del tiempo tenía razón: llueve en Irlanda. ¡Menos mal que se le ha ocurrido coger el paraguas!

–¡Finn! –llama.

Y el pequeño gnomo aparece, como siempre, encima de la rama del árbol verde.

También él lleva un paraguas. Bueno... no es exactamente eso. Lleva una hoja grande que sujeta con las manos por encima de su cabeza.

—¿Quieres que te haga pequeña? –le pregunta.

—No. Solo puedo estar un momento. Era para saber si tenéis noticias de Banandonner...

—Aún no, pero seguro que aparece en cuanto salga el Arco Iris.

—Mañana.

—¿Cómo lo sabes?

—Porque lo he mirado en Internet.

—¿Y eso qué es?

—Pues... pues... un programa de ordenador en el que buscas algo y encuentras casi todo, aunque mis padres solo me dejan utilizarlo si están ellos.

—¿Cómo una bola de cristal mágica de las que tienen los magos?

—Jejeje –ríe Nur–. Pero esta es cuadrada.

—¿Una bola cuadrada?

Finn da una voltereta y se pone cabeza abajo y patas arriba sin dejar de sostener la hoja-paraguas.

—Ya te lo explicaré otro día. Solo sé que mañana saldrá un poco el sol, así que aparecerá el Arco Iris, y mis amigos y yo vendremos a ayudaros. Estaremos en el "Camino de los gigantes" a eso de las ocho de la mañana. Ahora me tengo que ir.

—Una cosa, Nur. El otro día dijiste unas palabras en irlandés. Dijiste: *Ní mar a shíltear a bhítear.*

—Ah, no sabía que era irlandés. ¡Qué chuli! ¡Ahora sé otro idioma más! Son las primeras palabras de un libro mágico que encontré en... bueno, que encontré, y por eso puedo venir a verte. ¿Qué significan?

—*No es lo que parece.*

—¿Eh?

—Que significa: "*No es lo que parece*".

—Ah... vale. ¡Hasta mañana querido Finn!

Y de nuevo en casa, Nur tiene tiempo de ver el final de una película de dibujos animados que ya ha visto otras veces antes de que lleguen sus padres.

—¿Se te ha hecho largo? –pregunta mami.

—No, ¡qué va! He estado muy entretenida.

6. El gigante y el conejo

A las cuatro en punto de la tarde, Nur y sus cuatro amigos están en el banco de su rincón secreto. Antes de comer, les ha enviado un mensaje diciéndoles que cojan paraguas y chubasqueros.

A Hao Lin le ha dicho que no se le ocurra llevar su guitarra.

De prisa y corriendo, les explica que tienen que ir a ayudar a los Fianna porque seguro que Banandonner, el gigante del que ya les habló el otro día, va a ir a robarles la olla de oro que guardan al otro lado del Arco Iris.

—Pero esta vez no vamos al pueblo, sino al "Camino de los gigantes" –añade enseñándoles una fotocopia que baba le ha hecho de una de las fotos que hay en Internet–. Así que tenéis que pensar en este sitio. ¿Vale?

—¿Y por qué nos has dicho que teníamos que traer paraguas y chubasqueros si está el cielo azul? –pregunta Liang.

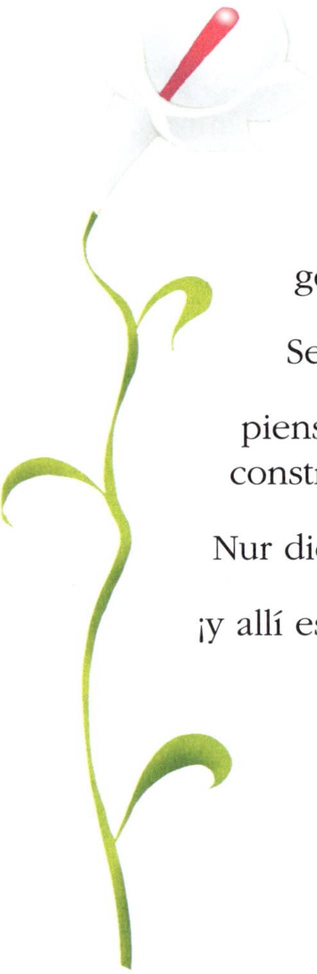

—Porque en Irlanda ahora está lloviendo. ¡Venga! ¡Hay que darse prisa! Mirad esta imagen y acordaos bien.

Se cogen de las manos,

piensan en el camino de grandes piedras construido por los gigantes,

Nur dice las palabras mágicas,

¡y allí están!

¡GUAU!

Es mucho más impresionante que verlo en una imagen.

Es largo, muy largo, y parece que va por encima del mar.

Está claro que algo así solo ha podido ser obra de un gigante.

—¿Quién construyó esto? –pregunta Dmitri muy impresionado.

A lo mejor, cuando sea arquitecto, él hace el camino más largo del mundo, en lugar de hacer el edificio más alto del mundo...

—¡Ni idea!

—Fueron dos gigantes.

Finn aparece de pronto y les da un susto tremendo, tan absortos estaban contemplando las miles y miles de piedras iguales y del mismo tamaño que forman el camino.

—¿Y por qué lo hicieron?

—Porque se llevaban muy mal y pasaban el tiempo tirándose rocas uno al otro hasta que se formó este camino sobre el mar.

—¿Quiénes eran? –pregunta Nur.

—El irlandés Fionn macCumhaill y el escocés Banandonner.

—¿El mismo que quiere robaros la olla de oro?

—No, este es su tatatataranieto. Aquello ocurrió hace muchísimo tiempo.

Un rayo de sol asoma por entre los nubarrones casi negros, y al momento aparece el Arco Iris, más brillante y hermoso que nunca.

No es la primera vez que los cinco amigos ven uno, pero nunca tan cerca y tan grande. Se distinguen perfectamente sus siete colores: rojo, naranja, amarillo, verde, azul, lila y rosa.

Es lo más bonito que han visto nunca.

—Una pregunta Finn... ¿Cómo se va al otro lado del Arco Iris? –pregunta Nur.

—Andando.

—Pero... no se puede andar por encima...

—¡Claro que se puede! Es como un puente y además...

En eso, la tierra retumba, como si hubiera un terremoto, y las piedras del camino parece que se mueven. Finn interrumpe lo que iba a decir.

—¡Ya está aquí! –exclama.

—¿Quién? –pregunta Ayana muy impresionada.

—Banandonner.

Todos se miran bastante asustados y buscan a su alrededor un lugar donde esconderse, pero no ven ninguno. Allí no hay árboles, solo piedras en el suelo. Estaban tan tranquilos que no se han preocupado en hacer un plan para cuando llegara el momento...

El temible gigante aparece a lo lejos, en la otra punta del camino y es muy alto y gordo.

—¡Jo, Finn! ¿No decías que era como yo de alto? –pregunta Nur–. ¡Es por lo menos cinco veces más!

—Bueno... a mí es que todo lo que es más alto que yo ya me parece grande –responde el gnomo alzando los hombros.

—Oye, y si puedes encogernos, ¿no puedes también agrandarnos como ese?

—No... lo siento... solo puedo convertir las cosas y a las personas a mi tamaño...

—¿Y ahora qué hacemos?

Banandonner se acerca muy deprisa y, cuanto más se acerca, más enorme parece.

—¡Corred a esas rocas! –grita Finn.

Un poco más lejos hay una especie de colina de columnas de piedra, y corren hacia ella.

Corren tan veloces que se les escapan los paraguas, que el viento arrastra, y que vuelan por el aire como globos,

como pájaros de colores,

como mariposas,

como las semillas de los dientes de león cuando las soplas,

y, durante un instante, el gigante se distrae, y ellos aprovechan para buscar escondrijos entre las columnas de piedra.

—¡Haz algo Finn! –grita Nur.

—¿Qué?

—¿Y yo qué sé? ¿No decías que tenías un plan?

—Ya he avisado a mi familia y a los demás, y están bien escondidos en los túneles debajo de las casas.

—¿Y nosotros?

—Algo se nos ocurrirá...

La tierra sigue temblando bajo los pies de Banandonner, y ellos no se atreven siquiera a asomarse por si él los ve.

Nur mete nerviosa las manos en los bolsillos de su anorak y palpa un paquete de gominolas que compro el otro día y...

—¿Qué...?

Saca la figurita del conejo, del que ya se había olvidado por completo, y recuerda las palabras de la señora Yan-Yan:

—Frótalo y llámalo cuando necesites ayuda.

Eso es lo que hace, lo frota con los dos dedos pulgares y lo llama:

—¡FU! ¡FU!

Y el conejo de jade se transforma en un conejo de verdad, aunque sigue siendo igual que la figurita. Siempre le han gustado mucho los conejos porque son blandos y suaves, pero nunca ha tenido uno de verdad, solo de peluche. Este mueve las orejas y se le queda mirando como si fuera a hablar. Le recuerda a alguien, pero no tiene tiempo para pensar.

—Necesitamos ayuda –le dice señalando con el dedo índice hacia el camino.

De un salto, FU se sube a una de las columnas de piedra, y después salta a otra y a otra, y luego corre por el “Camino de los gigantes” hacia Banandonner.

—¿Adónde vas? –le grita Nur, asomando la cabeza.

Pero él no responde y sigue veloz hacia adelante.

Finn y los otro cuatro también han asomado las cabezas, y todos contemplan asombrados cómo FU se detiene en medio del camino.

—¿De dónde has sacado a ese conejo blanco? –le pregunta Liang, pero ella no responde.

Está muy preocupada por lo que le vaya a pasar.

—¡Te va a aplastar! –grita de nuevo.

Pero entonces ocurre algo asombroso: el conejo de jade, que ahora es de carne y hueso, empieza a crecer y a crecer hasta alcanzar el tamaño del gigante.

—¡Parece un dinosaurio! –exclama Dmitri entusiasmado.

—¡Un dragón! –dice Hao Lin.

—¡Marshmallow, el de "Los cazafantasmas"! –grita Liang.

—¡El gigante de la gallina de los huevos de oro! –dice Ayana recordando la historia de su obra de teatro.

Nur no dice nada.

Se ha quedado patidufusa.

Ha tenido al conejito de jade en el bolsillo de su anorak desde que la señora Yan-Yan se lo regaló, sin hacerle caso, sin creerse aquello de que era un conejo muy especial...

Observan que el gigante se detiene al ver el "monstruo" blanco y que, luego, echa a correr seguido por FU, ¡en dirección contraria!

A medida que se aleja, va quitando las piedras, que lanza lejos con todas sus fuerzas.

Y desaparece el camino que une Irlanda y Escocia.

Ya solo hay agua entre los dos.

FU se dctiene al llegar a la orilla, empieza a encogerse hasta tener el tamaño de un conejo normal y regresa como una flecha a la colina de las columnas de piedra.

—Lo has hecho muy bien –dice Nur cogiéndolo en brazos y acariciándole la cabeza.

FU le mira, mueve las orejas y el hocico, pero sigue haciéndose más y más pequeño.

Ahora volverá a convertirse en figurita, piensa Nur. Esta vez lo guardará con mucho cuidado porque sabe que no es solo un conejito de jade, sino un ser mágico muy, muy especial. Pero...

¡PLOF!

FU desaparece.

—¿Adónde ha ido? –pregunta Ayana.

Ella también quería acariciarle la cabeza.

—No lo sé.

La señora Yan-Yan no le dijo que desaparecería después de ayudarla...

¡Qué pena!

Busca en su bolsillo por si acaso se ha metido dentro, pero no. Allí solo está la bolsa de gominolas.

—¿Y si volvemos al pueblo y les contamos lo que ha pasado? Ya no tendremos que preocuparnos nunca más. ¡Ha sido fantástico, Nur!

Finn no para de dar volteretas a su alrededor.

—Pues tú no has hecho mucho...

—Porque sabía que tú lo ibas a arreglar todo.

—¡Mentiroso! –ríe Nur.

Ha dejado de llover y una gaviota ha llevado la noticia a Daoine na bhFiann.

Los Fianna los están esperando y han preparado una fiesta para celebrar la gran victoria sobre el gigante Banandonner, que nunca, nunca más volverá a asustarlos.

Han dispuesto unas mesas largas llenas de bollos con mantequilla,

tartas de manzana,

pastelillos de uvas con miel,

flanes de huevo,

y jarras con zumos de mora, de zarzamora, de ciruela y de arándanos.

Por supuesto, Finn hace pequeños a sus amigos para que puedan participar en la fiesta.

Los músicos sacan sus instrumentos y los demás bailan, incluso Liang.

Hao Lin ha conseguido que le presten una guitarra y no lo hace del todo mal.

Ayana se une a un corro y se lo pasa de miedo.

Dmitri asombra a todos con su manera especial de bailar.

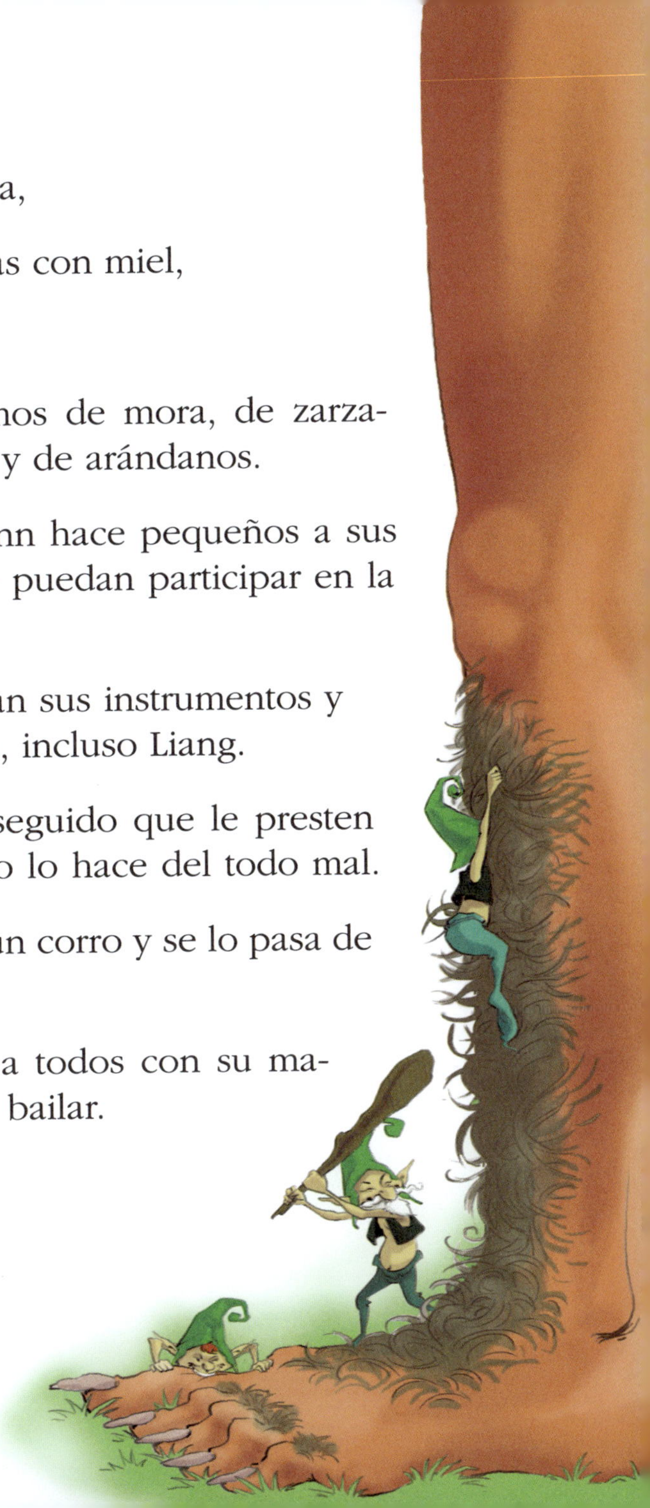

Y Nur y Finn hablan mientas cada uno se zampa un pastelillo de uvas con miel.

—Entonces... ¿no te animas a venir conmigo a Suhzou? –pregunta ella–. Te aseguro que te va a encantar.

—Iré, pero todavía no.

—¿Cuándo?

—Más adelante. Hay mucho trabajo aquí antes de que llegue el invierno y yo tengo que ayudar a mi familia. ¿Qué te parece en primavera?

—Vale.

—Pero no dejes de venir por aquí de vez en cuando. Tengo muchas cosas que enseñarte.

—Claro que vendré, aunque yo también tengo un montón de cosas que hacer: tareas, extraescolares, boxeo, fútbol, y puede que me apunte al grupo de teatro de Ayana. Luego llegan las Navidades, y nos vamos a Larrabetzu...

Antes de despedirse, una vez que Finn los ha devuelto a su tamaño, Nur saca la bolsa de gominolas de su bolsillo y la deja en el suelo con mucho cuidado.

—¿Qué es eso? –pregunta Finn.

—Un regalo. Si te gustan, te traeré más la próxima vez.

Saca una de las gominolas, una de color rojo, y Finn le da un mordisco

—¡El gnomo y la gominola gigante! –ríe.

Y es verdad, al lado del gnomo parece enorme, como una calabaza de las grandes.

—¡Adiós! ¡Adiós! –se despiden.

—Ha sido una aventura súper-súper! –dice Hao Lin cuando ya están de nuevo en su rincón secreto del parque–. ¿Cuándo vamos otra vez a Irlanda?

—¡Eso! –responden los demás.

—No lo sé –responde Nur–. No podemos ir todas las semanas a Irlanda.

—Pues vamos a Rusia –dice Dmitri–. Allí también hay sitios estupendos para ver.

—O al pueblo de Tanzania donde viven mis abuelos y mis tíos –añade Ayana.

—¿Y por qué no vamos a buscar un tesoro? –pregunta Liang.

A él le encantan las historias de tesoros escondidos.

—Vale, vale, ya lo pensaré...

La próxima vez que esté con Finn se llevará el libro mágico. Como él sabe irlandés, seguro que encuentra una fórmula para hacer que sus amigos olviden lo ocurrido.

¡No puede llevarlos a todas partes!

Al final, sus padres se darían cuenta de que pasa algo raro.

Y la bronca para ella.

—Tengo que irme ya –les dice a sus amigos–. ¡Hasta mañana en el autobús!

Aún le queda algo por hacer.

—¿Alguien puede acompañarme a la tienda de la señora Yan-Yan? –pregunta al llegar a casa.

—¿Para qué quieres ir allí? –pregunta mami.

—Por una cosa.

—¿Qué cosa? –pregunta baba.

¿Por qué los mayores siempre quieren saberlo todo?

—Es que el otro día vi una caja preciosa que quiero comprarle a amama. Con mis a-ho-rros

–recalca para que no se mosqueen–. A lo peor ya la han vendido si tardamos en ir, recalca.

Tiene que ver a la señora Yan-Yan y contarle todo lo ocurrido. También tiene que decirle que el conejito de jade ha desaparecido.

Es una suerte que en China estén las tiendas abiertas también los domingos. Y también que a sus padres les guste dar largos paseos.

Hace buen tiempo, y hay mucha animación por las calles de la parte vieja de Suhzou. Se entretienen viendo un teatrillo ambulante de marionetas, compran unas almendras y, por fin, se meten en la calle más antigua, que está llena de gente.

Van directamente al lugar donde está la tienda, pero... ¡la tienda ha desaparecido! En su lugar hay una valla de madera.

—¡La tienda no está! –exclama Nur.

—¿Estás segura de que era aquí? –pregunta baba.

—¡Claro que lo estoy! Ahí enfrente está el comercio de las telas para pintar. ¿A que es ese, mami?

—Pues sí...

Mami está tan sorprendida como ella. Por si acaso, entra en el local para comprobarlo.

—Sí, este es el comercio de telas –dice al salir de nuevo–. No lo entiendo, estuvimos la semana pasada...

—Seguro que os habéis equivocado de calle –dice baba–. Una casa no desaparece así como así.

Vuelven a recorrer la calle de arriba abajo, mirando todos los locales. Incluso preguntan a varias personas si saben dónde está la tienda de la señora Yan-Yan, pero nadie conoce a esa señora, ni siquiera les suena el nombre.

猴年快乐
三公消费
得
命,上帝愛惜世

—¡Misterios de la China! –ríe baba–. ¡A ver si iba a ser una tienda mágica!

—No digas tonterías –le dice mami–. No existen tiendas mágicas.

Nur no dice nada. Sí que existen, ella lo sabe.

Más tarde, justo cuando se está quedando dormida, piensa en la increíble aventura que han tenido sus amigos y ella y en cómo el conejito de jade se ha transformado en un súper-conejo que ha hecho huir al terrible Banandonner.

Piensa también en lo suave que era FU y cómo le miraba con unos ojillos que parecían sonreír y querer decirle algo...

—¡No puede ser!

Se sienta de golpe en la cama.

¡La mirada de FU era igual, igual, igual a la de la señora Yan-Yan!

NUR